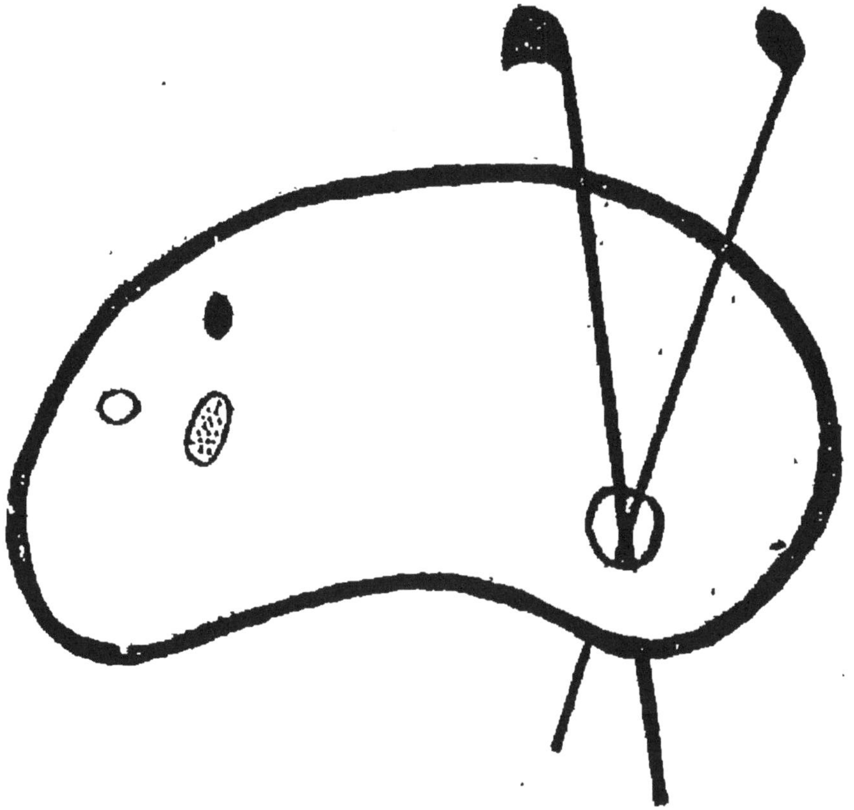

DEBUT D'UNE SERIE DE DOCUMENTS
EN COULEUR

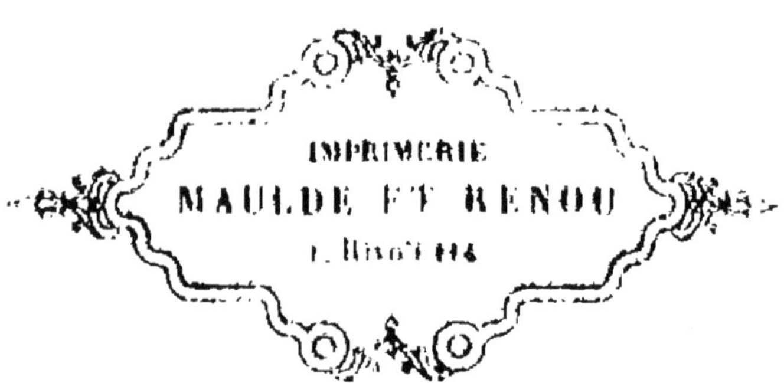
IMPRIMERIE
MAULDE ET RENOU

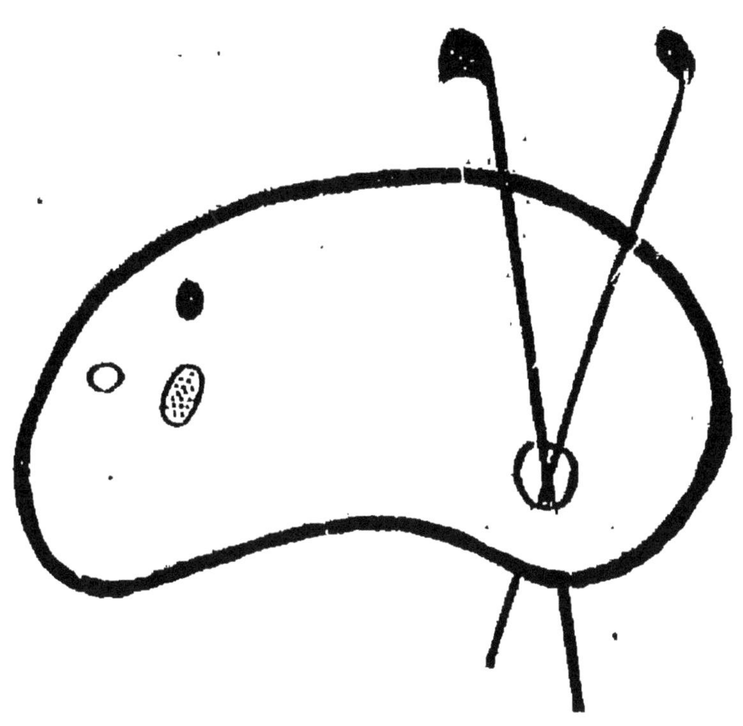

FIN D'UNE SERIE DE DOCUMENTS
EN COULEUR

TABLEAUX

ET

DESSINS MODERNES

Composant la Collection de M. B.....

DONT LA VENTE AURA LIEU

Le Mardi 12 Décembre 1854, à trois heures

HOTEL DES COMMISSAIRES-PRISEURS

RUE DROUOT, N. 5

Grande Salle nº 1, au 1er,

Par le ministère de Me POUCHET, Commissaire-Priseur,
rue Saint-Honoré, 335,

SOUS LA DIRECTION DE M. RIDEL,

**Assisté de M. Francis PETIT, Appréciateur,
boulevart Poissonnière, 24.**

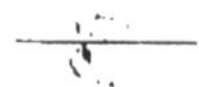

EXPOSITION PUBLIQUE.

Le Lundi 11 Décembre 1854, de midi à cinq heures.

PARIS

MAULDE & RENOU

IMPRIMEURS DE LA COMPAGNIE DES COMMISSAIRES-PRISEURS,
rue de Rivoli, 144

MDCCCLIV

CONDITIONS DE LA VENTE

Elle sera faite au comptant.

Les acquéreurs paieront, en sus des adjudications, CINQ centimes par franc, applicables aux frais.

DESSINS

R. P. BONNINGTON.

1 — Soleil couchant. Aquarelle.

DECAMPS.

2 — Le Grand-Père. Aquarelle.

DECAMPS.

3 — Le Déjeuner des chiens. Dessin.

DECAMPS.

4 — Forêt de Fontainebleau. Dessin.

DUPRÉ (JULES).

5 — La Moisson. Dessin.

MEISSONIER.

6 — La Famille. Aquarelle.

MEISSONIER.

7 — Les Premières amours. Aquarelle.

MEISSONIER.

8 — Le Voyage du Docteur indien. Dessin.

MEISSONIER.

9 — Intérieur d'atelier. Dessin.

MEISSONIER.

10 — Bravoure. Dessin.

MEISSONIER.

11 — Poltronnerie. Dessin.

TABLEAUX

BEAUMONT (ÉDOUARD DE).

12 — Combien de peine il prend pour donner à son front la couleur de son livre jaune. V. Hugo.

Toile.—H. 23 c. L. 26 c.

CHASSERIAUX (THÉODORE).

13 — Macbeth.

Panneau.—H. 54 c. L. 68 c.

DECAMPS.

14 — La Chasse au furet.

Panneau.—H. 24 c. L. 33 c.

DECAMPS.

15 — Pâtre des Apennins.

Toile.—H. 33 c. *L.* 41 c.

DECAMPS.

16 — Les Murs de Rome.

Toile.—H. 53 c. *L.* 64 c.

DECAMPS.

17 — Les Grecs.

Toile.—H. 21 c. *L.* 27 c.

DECAMPS.

18 — Le Retour du troupeau.

Toile.—H. 18 c. *L.* 23 c.

DECAMPS.

19. — L'Arsenal.

Toile.—H. 23 c. L. 40 c.

DECAMPS.

19 bis. — A travers bois.

Toile.—H. 24 c. L. 32 c.

DECAMPS.

20 — Chasse au cerf.

Toile.—H. 18 c. L. 27 c.

DECAMPS.

21 — La Piste.

Toile.—H. 24 c. L. 17 c.

DELACROIX (EUGÈNE).

22 — Andromède.

Panneau.—H. 42 c. L. 33 c.

DIAZ.

23 — Le Valet de chiens.

Panneau.—H. 39 c. L. 54 c.

DIAZ.

24 — Le Harem.

Toile.—H. 35 c. L. 52 c.

DIAZ.

25 — L'Espagnole.

Panneau.—H. 32 c. L. 20 c.

DIAZ.

26 — Le Troupeau.

Panneau.—H. 19 c. L. 25 c.

DUPRÉ (JULES).

27 — La Ferme.

Toile.—H. 46 c. L. 63 c.

DUPRÉ (JULES).

28 — La Mare.

Panneau.—H. 46 c. L. 55 c.

DUPRÉ (JULES).

29 — Les Chevaux au vert.

Panneau.—H. 24 c. L. 35 c.

HOGUET.

30 — Écurie.

Panneau.—H. 28 c. L. 37 c.

HOGUET.

31 — Marine.

Toile.—H. 22 c. L. 33 c.

ISABEY (EUGÈNE).

32 — Marguerite sort de l'église.

Toile.—H. 26 c. L. 18 c.

ISABEY (EUGÈNE).

33 — Le Concerto.

Toile.—H. 26 c. L. 18 c.

MEISSONIER.

35 — Le Docteur.

Toile.—H. 22 c. L. 15 c.

MEISSONIER.

35 — Un Raffiné sous Louis XIII.

Panneau.—H. 17 c. L. 15 c.

MULLER.

36 — Le Printemps.

Toile.—H. 28 c. L. 43 c.

MULLER.

37 — L'Été.

Toile.—H. 28 c. L. 43 c.

MULLER.

38 — L'Automne.

Toile.—H. 28 c. L. 43 c.

MULLER.

39 — L'Hiver.

Toile.—H. 28 c. L. 43 c.

ROUSSEAU (THÉODORE).

40 — Vers le Soir.

Panneau.—H. 42 c. L. 63 c.

ROUSSEAU (THÉODORE).

41 — En novembre.

Toile.—H. 66 c. L. 54 c.

ROUSSEAU (THÉODORE).

42 — Le Crépuscule.

Panneau.—H. 19 c. L. 24 c.

ROUSSEAU (THÉODORE).

43 — Vue de Hollande.

Panneau.—H. 23 c. L. 33 c.

TROYON.

44 — Le Gué.

Panneau.—H. 40 c. L. 59 c.

TROYON.

45 — Les Oies.

Panneau.—H. 33 c. L. 24 c.

ZIEM.

46 — Venise.

Toile.—H. 44 c. L. 64 c.

Maulde et Renou, Imprimeurs de la Compagnie des Commissaires-Priseurs,
1036 rue de Rivoli, 144.

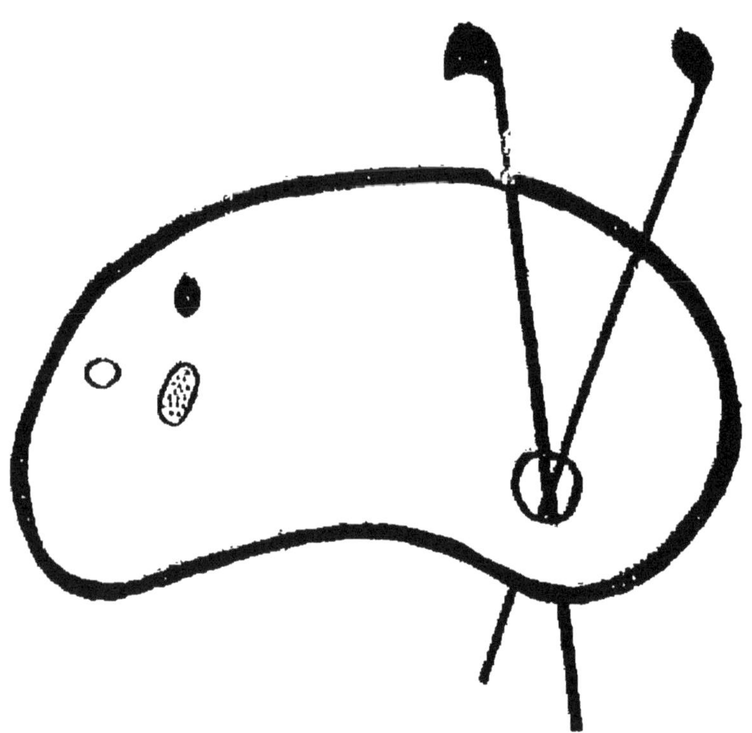

www.ingramcontent.com/pod-product-compliance
Ingram Content Group UK Ltd.
Pitfield, Milton Keynes, MK11 3LW, UK
UKHW020232200726
13856UKWH00004B/1725